儆心录 译注

［清］王永吉 著

修晓波 译注

中华书局

图书在版编目(CIP)数据

傲心录译注/(清)王永吉著;修晓波译注. —北京:中华书局,
2018.6
ISBN 978-7-101-13052-2

Ⅰ.傲… Ⅱ.①王…②修… Ⅲ.①政治制度-研究-中国-清
代②《傲心录》-译文③《傲心录》-注释 Ⅳ.D691.2

中国版本图书馆 CIP 数据核字(2018)第 006271 号

书 名	傲心录译注	
著 者	〔清〕王永吉	
译 注 者	修晓波	
责任编辑	吴麒麟	
出版发行	中华书局	
	(北京市丰台区太平桥西里 38 号 100073)	
	http://www.zhbc.com.cn	
	E-mail:zhbc@zhbc.com.cn	
印 刷	北京市白帆印务有限公司	
版 次	2018 年 6 月北京第 1 版	
	2018 年 6 月北京第 1 次印刷	
规 格	开本/880×1230 毫米 1/32	
	印张 3½ 插页 5 字数 30 千字	
印 数	1-4000 册	
国际书号	ISBN 978-7-101-13052-2	
定 价	12.00 元	

王永吉所戴官帽——明鎏铜冠
高邮市博物馆藏

王永吉所用朝板——明象牙笏板

高邮市博物馆藏

世祖章皇帝

御製人臣儆心錄

清刻本《御制人臣儆心录》扉页
国家图书馆古籍馆藏

御製人臣儆心錄

植黨論

自古國家太平之治率由大小

臣工協力和衷以康庶績乃能

久安長泰流譽靡窮顧為臣之

道其類不一大約不植黨與不

愛虛名不營己私不貪賄利敬

清刻本《御制人臣儆心录》

国家图书馆古籍馆藏

御製人臣儆心錄

植黨論

自古國家太平之治率由大小臣工協力和
衷以熙庶績乃能久安長泰流譽靡窮顧為
臣之道其類不一大約不植黨與不愛虛名
不營己私不貪賄利敬以飭躬誠以事上耿
介自立勤慎蒞官其至要者矣若此則品行
以端學術以正而功業以成稱曰純臣庶幾

清抄本《御制人臣儆心录》

国家图书馆古籍馆藏

植黨論

大學士王永吉恭纂

自古國家太平之治率由大小臣工協力和衷以熙庶績乃能久安泰流譽顯窮顧為臣之道其類不一大約不植黨與不愛虛名不營已私不貪賄利敬之飭躬勵誠以事上耿介自立勤慎莅官其至要者矣若此則品行以端學術以正而功業以成稱曰純臣庶幾無媿彼邪臣則不然其作惡也多端而要莫大乎植黨當其始進每以小忠小信緣飾身名乘人主銳意圖治之時巧售其術以邀知遇人主推誠以任待之不疑倖據要津事權在握於是假王朝之刑賞逞一已之威靈樹私朋以為羽翼陽託引薦直錯枉之名陰行黨同伐異之計附已者譽而援之躋於通顯逆已者毀而攻之陷於罪戾其意將使謇諤之士

盡去朝端凡析圭擔爵之人必皆出其門而後已浸淫日久而匪類漸滋國事漸壞流禍可勝道哉或曰植黨之禍既如此矣將蹁蹁涼涼獨立無耦而後可乎古人之言達道終及朋友之交則又曰何也不然亦各權其重耳夫人平居里閈則重友誼比肩事主則重臣節重臣節即不得後論交情是以君子之事君也不苟為同不求為異其心袛知夙夜匪懈以君一人而已故孔子曰君子周而不比和而不同亦何植黨之有如虞廷二十二人或都或俞或吁或讓其時師師濟濟庶尹允諧夫豈無朋黨而後世不得目之為黨若唐之李逢吉李宗閔張權輿程昔範之徒分布要劇勢震朝野傾陷正直引用張文商李訓李續之李虞劉栖楚姜治李宗閔惡李德裕則引用牛僧孺等以排擯之而德裕亦與宗閔各分朋黨更相傾軋致使其君興歎於去河北賊易去朝中黨難而唐祚因之以不振矣宋之章惇用上行私引用蔡

602-764

目　录

绪　言………………………………………… 1

儆心录序……………………………………… 1

一、植党论…………………………………… 5

二、好名论…………………………………… 18

三、营私论…………………………………… 28

四、徇利论…………………………………… 36

五、骄志论…………………………………… 47

六、作伪论…………………………………… 58

七、附势论…………………………………… 67

八、旷官论…………………………………… 77

附　录

文渊阁四库全书《人臣儆心录提要》…… 86

王永吉传 …………………………………… 89

绪　言

　　二十年前我还在中央机关研究室工作的时候，当时的中央领导同志几次引用古人"明主治吏不治民"的箴言，并提出要研究一下我国古代吏治问题。这本小书就是根据领导同志的讲话精神整理出来的。转眼二十年过去了，我的工作岗位几经变动；不变的是，翻检当年这份资料仍觉得有一定的现实意义。于是在朋友们的热心鼓励下，产生了重新出版的念头。

　　儆心，意思是警惕自己的思想。换言之，就是要有自律意识。《御制人臣儆心录》（以下简称《儆心录》），清初王永吉撰写，颁布于顺治十二年（1655）。顺治皇帝为之作序。王永吉（1600—1659），字修之，号铁山，江南高邮（今江苏高邮）人。明天启五年（1625）进士，任知县。崇祯十五年（1642），擢升为右佥都御史，巡抚山东，官至蓟辽总督。明朝灭亡后，王永吉降清，顺治二年（1645）任大理寺卿，四年（1647）任工部侍郎，八年（1651）任户部侍郎，十年（1653）升兵部尚书。次年转都察院左都御史，擢秘书院大学士。顺治十六年（1659）卒。谥号文通。

  王永吉写作此书的背景，《四库全书总目提要》称："盖因勋臣谭泰、石汉，大学士陈名夏等先后以骄怙伏法，因推论古来奸臣恶迹，训戒群臣，俾共知炯鉴也。"其中谭泰为满洲正黄旗人，授征南大将军，屡建战功，后被指恣意专横、营私擅政，顺治八年被处死。陈名夏，明崇祯十六年（1643）进士。后投靠李自成的大顺政权，又降清，官至秘书院大学士。因勾结朋党、擅权乱政而被弹劾，顺治十一年（1654）被诛杀。可见，顺治年间的几起大案要案，引发了统治者对吏治问题的思考，使其感到有必要告诫百官以此为鉴。而警示的关键，在于从思想上引起重视，强化为官者的自律意识。

《儆心录》由植党论、好名论、营私论、徇利论、骄志论、作伪论、附势论和旷官论八个部分组成，基本涵盖了古代官场的主要弊端。

其一是植党。指拉帮结派，党同伐异。《儆心录》提及唐朝后期的"牛李党争"颇为典型。当时牛党一方以牛僧孺为首，李党一方以李德裕为首，双方进行了长达四十余年的争斗。一党掌权，便极力排斥对方。唐文宗曾感慨："去河北贼易，去此朋党难。"历史教训表明，结成朋党之人都以私利代替公心，将小集团的利益置于国家、百姓利益之上。朋党势力尾大不掉还将威胁皇权，往往是一个朝代由盛转衰甚至走向灭亡的先兆。

其二是好名。指空谈浮夸，沽名钓誉。《傲心录》列举了晋人王衍等人的事例。东汉末年，"自然""无为"的老庄思想蔓延，逐渐形成一股崇尚"清谈"（指承袭东汉清议的风气，就一些哲学问题反复辩论）的风气。西晋大臣王衍身居高位，却喜好高谈阔论。永嘉四年（310），羯族人石勒进逼洛阳，王衍被任命为都督征讨诸军事，迁太尉，率兵御敌。但他并无军事指挥才能。次年，在石勒的再次进攻下，王衍全军覆没，他自己也当了俘虏，被石勒活埋。王衍临死时叹息道："向若不祖尚浮虚，戮力以匡天下，犹可不至今日。"王衍一生以悲剧收场，也为实干兴邦、空谈误国做了一个极好的注脚。东汉后期，司隶校尉李膺等人则是另一种情况。李膺与太尉陈蕃以及太学生互相推崇，品评时政。这种议政方式与外戚反对宦官的斗争相呼应，严重威胁到把持朝政的宦官集团利益，结果遭到统治者的镇压，即两次"党锢之祸"（"锢"

即终身不得做官之意），李膺身陷其中。《做心录》将李膺归入好名之列，显然是受封建正统观念的影响，有失公允。

其三是营私。指阴险狡诈，以权谋私。唐玄宗时的李林甫居相位十九年，刻薄阴险，恣意行私，对人表面上甜言蜜语，背后却忌恨陷害。时人称其"口有蜜，腹有剑"。他为维护自身利益，极力打击有才能和被玄宗重用的官员。和他一同为相的张九龄、裴耀卿、李适之等人先后遭他排挤而离任。玄宗晚年政治腐败，与李林甫为相有很大关系。

其四是徇利。指利欲熏心，见利忘义。西晋时一位不愿做官的隐士鲁褒著有《钱神论》一文，讽刺、揭露了金钱的"神奇"作用：钱这个东西，"无远不往，无幽不至"，"危可使安，死可使活，贵可使贱，生可使杀"。想做官可以用钱买，犯了罪可以用钱赎，训练军队也得靠钱。《钱神论》还引述谣谚说："钱无耳，可使鬼。"又说："凡今之人，惟钱而已。"必须承认，金钱具有两面性，如果一味追求，则金钱"祸人甚矣哉，古来人臣之败名、丧德、亡身、覆宗，蔑不由此"。

其五是骄志。指狂妄自大，骄傲自满。骄志的流弊很多，但《傲心录》作者所举王安石矜才学而骄的事例是不妥的。王安石是宋代改革家，在担任宰相期间，他实行一系列有利于农业生产、抑制豪强、发展教育和提高军队战斗力的措施，旨在富国强兵，扭转北宋积贫积弱的局面。《傲心录》称王安石"竟至执拗（固执倔强）"，语出朱熹《三朝名臣言行录·丞相温国司马文正公》，文中引用司马光的话说："人言（王）安石奸邪，则毁之太过，但不晓事又执拗耳，此其实也。"司马光反对新法，是王安石的政敌。《傲心录》作者以这句话作为评判王安石的标准，也代表了他自己的观点。这是今天的读者应当加以鉴别的。

其六是作伪。指弄虚作假，伪装自己。《儆心录》提及的西汉胶东相王成，虚报浮夸，搞假政绩。而唐代的卢杞和宋代的丁谓，均为宰相，却虚伪圆滑，口是心非。其中丁谓是被时人称为"五鬼"中的一人。这些是品行不端导致虚伪的例子。

其七是附势。指巴结权贵，趋炎附势。这是封建官场中的一大恶习，但文中所云"吕惠卿、陈升之之附王安石"的情况却比较复杂。王安石变法触犯了大地主、大官僚的利益，招致一些非议，朝中形成了变法和保守两派。后来变法之争演变为两派官员的相互倾轧，而变法派内部也出现了分裂。吕惠卿、陈升之先后与王安石产生矛盾。他们都曾支持过王安石变法，一概地说他们附势，恐非尽然。

其八是旷官。指失职渎职，玩忽职守。《儆心录》归纳总结了庸官不作为或乱作为的几种情况：

有因便己（只图自己方便）而旷官，有因诿众（诿事于众人）而旷官，有因背公（贻误公事）而旷官，有因肆志（放纵自己）而旷官，等等。本书将旷官的问题提出来，并指出"必不得已而有夺之、废之、诛之之事"，说明历史上对不作为、乱作为的旷官，也是要追究责任的。

　　以上罗列的八种现象是古代官场的常见病，也是腐败的诱因（有的本身就是腐败）。这些问题愈到封建社会后期愈显突出，比如《傲心录》作者生活的年代——明清之际，由于商品经济的发展、资本主义萌芽的出现、士农工商世袭身份的打破等等，所有这一切在当时传统封闭的社会"死水"中掀起阵阵波澜。这种嬗变所带来的一个负面效应，就是人性中的私欲更加膨胀，腐败成为一个严重的社会问题。但这些变化对腐败只是起了"催化剂"的作用，并不是根本原因。

　　封建官场腐败的根源在于封建制度本身，以

及寄生其中的官僚体制。腐败的实质是滥用公共权力，产生的背景是私有制度，并与剥削阶级、国家存在的一定历史阶段相联系。封建最高统治者以天子自居，建立的是"家天下"的私人王朝；统治阶级压迫和掠夺广大劳动人民，造成社会贫富两极分化。这是最大的腐败。封建王朝也讲吏治，但这种吏治是帝王为维护其统治，与官僚集团围绕各自利益展开的冲突。这个冲突是有限度的，因为封建王朝需要庞大的官僚队伍来支撑，尽管这支队伍的吏治是败坏的。这从根本上决定了吏治弊端乃至腐败是不可避免的。此外，封建官场腐败还与官僚体制的以下几个显著特点有关。

一是严密的人身依附关系。这种关系的源头可以追溯到西周的宗法制。宗法制是古代社会依靠血缘关系对族人进行管理，进而彼此依存的一种制度，对国家的政治生活产生了深远影响。比如天子和诸侯在某些仪式中对相同血缘或近亲血缘的诸侯给予优待，以维系彼此间的亲戚关系。后来逐步演变成封建官场普遍存在的人身依附关系。上司掌控下属的政治生命，下属的奖惩黜陟完全由上司决定。衙门内部及官员之间互相联络，一损皆损，一荣皆荣。这种关系在家族中依靠血缘维系，在国家层面即官场则主要靠金钱、情感维系。这就为权钱交易、拉帮结派提供了温床与土壤。

二是所挂靠的是人治而非法治的社会。人治社会权比法大，制度只是一块可以随时更换的招牌。新王朝建立伊始，一些有作为的帝王都会狠抓吏治，规章制度也能较好地发挥作用。但逢衰世或者政治昏暗，规章制度便形同虚设，或者废置无常，如同儿戏。反腐败没有制度上的根本保障，也就无法遏制腐败。

三是融化在官僚体制中的传统亲情文化。具体表现为官员对门生故吏的认同，以及在提携时亲情和友情成为优先考虑的因素。亲情、友情重于职业操守，"一人得道，鸡犬升天"，在这种氛围中，为官者的道德耻辱感接近于零。

面对腐败的现实，封建统治者以及有识之士也曾努力寻找解决问题的良方。但是他们看不到或不愿看到官僚体制以及封建制度这个根本弊端，只能用传统的方法即法治与德治进行治理。法治指用法家的严刑酷法，这是事后的惩治。但严惩贪官污吏只能收效一时，不能永久根治。而且在人治社会，高压惩治稍一松懈，官场贪风即会反弹，"诛殛（jí）愈众而贪风愈甚"。德治指用儒家的道德礼教，这是事先的防范。在同一个体制下，官员个人的品行会有天壤之别。德治的目的在于培养官员的为臣之道，而其中首要的就是官员的自律行为。《儆心录》就是培养官员自律意识的一部"教科书"。

对从政者的教育是历朝历代都不可缺少的必修课，即便今天也是如此。而古为今用，又是教育的一种重要方式。因此,《儆心录》仍然具有它的阅读价值。

重读《儆心录》,可以发现历史有惊人的相似之处。比如植党。今天拉帮结派的现象仍时有发生。有的领导干部热衷于搞亲亲疏疏、团团伙伙,甚至形成政治问题和经济问题相互交织的利益共同体。结果危害党的团结统一,滋生严重的腐败。再如徇利。曾经披露发生在某省省级层面的拉票贿选案,令人震惊。在贿选案中,有领导干部直接出面授意,有企业主"慷慨"提供财力物力,有下属单位动用公款讨好逢迎,还有"中间人"四处奔走、穿针引线。表现方式不同,但核心都是为了一个"利"字,用他们的行为续写了一部现代版的《钱神论》。还有作伪。比较突出的是官场上"两面人"现象,一些领导干部同时扮演着"天使"与"魔鬼"的双重角色:表面信仰马克思列宁主义,背后迷信"大师";台上道貌岸然,台下贪赃枉法;

人前正襟危坐，人后骄奢淫逸；嘴上任人唯贤，实则任人唯钱；等等。诚如《儆心录》所言，"所行不同，而为伪之心则一"。阅读此书，思考古今官场的通病，可以使我们加深对治理这些顽症痼疾长期性、艰巨性的认识，并促使我们进一步探讨在新形势下遏制腐败的治本之策。

　　翻阅《儆心录》，我们还可以看到古代帝王是怎样教育、训导自己的臣僚的。比如教育方式，在说理之后多从正反两个方面举例。这样不但避免了空洞的说教，而且意在表明两种做法将导致截然不同的结果。即在教育中不仅说明要怎样做，而且说明不这样做将会导致的后果，从而把自律与他律结合起来。虽然时代变了，官员自律的内涵也不尽相同，但古代官场的一些规矩和道理仍可供我们批判地吸取，因此也就具有一定的借鉴意义。此外，《儆心录》语言流畅，立论明确，读后给人一种淋漓尽致的感觉。这也是今天的读者可以欣赏的。

　　我的整理工作，首先以国家图书馆古籍馆收藏的清刻本为底本，并参照清抄本和影印文渊阁《四库全书》本，互为比勘。将原文的异体字和繁体字改为规范字和简体字。通假字不改，但在注释中加以说明。在此基础上对原文进行标点、注释，并翻译成白话文。

　　此次再版，于注释中补充了若干史实，订正了一些疏误；译文也作了一些文字上的调整。感谢中华书局的同志，由于他们的大力支持，使这本小册子得以顺利再版。囿于学识水平，书中尚有不当之处，敬请读者不吝指正。

修晓波
2018 年 1 月

儆心录序

【原文】

朕惟人臣立身制行，本诸一心。心正则为忠为直，众美集焉；不正则为奸为慝，群恶归焉。是故心者万事之本，美恶之所由出也。顾事有殊涂，心惟一致。一于国则忘其家，一于君则忘其身。如此者不特名显身荣，邦家亦允赖之矣。若夫奸邪之流，树党营私，怙权乱政，卒至身名俱丧，为国厉阶，盖缘居恒无正心之功。一当势利，遂昏迷瞀乱，狂肆骄矜，上昧王章，下乖臣谊。或作威而联羽翼，或比匪而效奔趋。如谭泰、石汉，以累世旧臣，久叨恩遇，不思图报，逞臆横行，跋扈自恣，目无纲纪。陈名夏则一介竖儒，骤蒙显拔，倚任深重，赐赉优隆，而乃背德植交，蔑法罔上。此皆自作罪孽，以致陨厥身家。

朕历稽往古，宵人误国，代代有之。观诸近事，复炯鉴昭然，足为永戒。恐后之为臣者，或仍蹈覆辙，负主恩而渝素志，至于身罹刑宪，悔悼无由。故推原情状而论列之，录成一编，以为人臣儆心之训云。

顺治乙未季春望日序

【译文】

　　我以为臣子为人处世，都源于自己的思想。思想端正就会忠诚、正直，由此产生许多美好的品行；思想不端就会奸诈、邪恶，由此导致许多不好的行为。可见，思想是万事的本源，美好和不好的源头都可归结于此。做事可以有不同的途径，但思想只能用在一个方面。一心为国家就会忘记私家，一心为君主就会忘记自我。这样不仅自身扬名显贵，国家也会受益。而那些奸邪之人，结党营私，专权乱政，最终身败名裂，成为国家的祸端，都是因为平时没有注意端正自己的思想。一旦有了权势和利益，他们便头脑发昏、精神错乱，狂妄放肆、骄傲自负，上违国家的法律，下背做臣子的正道。有的人作威作福、广结朋党，有的人相互勾结、趋炎附势。比如谭泰、石汉，身为元老，久承皇恩，却不思回报，恣意妄为，专横跋扈，目无纲纪。陈名夏只是一个儒生，骤然间得到提拔，被委以重任，赏赐丰厚，却违背道德，培植党羽，不顾法纪，欺骗君主。这些人都是自造罪孽，结果弄得家破人亡。

　　我浏览历史，小人误国的事例，代代有之。再看发生在眼前的例子，也是明显的借鉴，足以作为长久的警示。我担心以后的臣子重蹈前人的覆辙，辜负君主的皇恩，改变自己的初心，以致于遭受刑罚，追悔莫及。所以从本原上推究情况并加以论述，编成一书，训诫臣子要警惕自己的思想。

　　　顺治乙未（1655）季春（三月）望日（十五日）序

一、植党论

【原文】

　　自古国家太平之治，率由大小臣工协力和衷[1]，以熙庶绩，乃能久安长泰，流誉靡穷。顾为臣之道，其类不一，大约不植党与[2]，不爱虚名，不营己私，不贪贿利，敬以饬躬[3]，诚以事上，耿介自立[4]，勤慎莅官[5]，其至要者矣。若此则品行以端，学术以正，而功业以成。称曰纯臣[6]，庶几无愧。彼邪臣则不然，其作慝也多端[7]，而要莫大乎植党。当其始进，每以小忠小信矫饰身名。乘人主锐意图治之时，巧售其术，以邀知遇。人主推诚以任，待之不疑。幸居要津[8]，事权在握，于是假王朝之刑赏[9]，逞一己之威灵。广树私朋，以为羽翼。阳托举直错枉之名[10]，阴行党同伐异之计。附己者誉而援之，跻于通显[11]；逆己者毁而攻之，陷于罪戾。其意将使謇谔之士尽去朝端[12]，凡析圭担爵之人，必皆出其门而后已[13]。浸淫日久而匪类渐滋，国事渐坏。流祸可胜道哉！

或曰[14]：植党之祸既如此矣，将踽踽凉凉、独立无耦而后可乎[15]？古人之言达道终及朋友之交[16]，则又何也？曰：不然，亦各权其重耳。夫人平居里闬[17]，则重友谊。比肩事主[18]，则重臣节。重臣节，即不得复论交情。是以君子之事君也，不苟为同，不求为异，其心只知夙夜匪懈以事一人而已。

故孔子曰[19]："君子周而不比[20]"，"和而不同[21]"。亦何植党之有？如虞廷二十二人[22]，或都或俞[23]，或吁或让[24]。其时师师济济，庶尹允谐[25]。夫岂无朋而后世不得目之？

为党若唐之李逢吉[26]，秉政擅权，引用张又新、李训、李续、李虞、刘栖楚、姜洽、张权舆、程昔范之徒[27]，分布要剧，势震朝野，倾陷正直。李宗闵恶李德裕[28]，则引用牛僧孺等以排摈之[29]，而德裕亦与宗闵各分朋党，更相倾轧，致使其君兴叹于"去河北贼易，去朝中党难"[30]。而唐祚因之以不振矣[31]。宋之章惇[32]，冈上行私[33]，引用蔡卞、林希、张商英、黄履、来之邵、周秩、上官均等[34]，居要地，任言责[35]，协谋朋奸，报复仇怨。而蔡京、蔡攸，至于父子为敌[36]，各立门户。宋亦以衰。

嗟乎！以终身之心力，不用之致君泽民，而用之呼朋树党；不用之服官行政[37]，而用之怙奸嫉贤。究乃毒酿一时，秽流万世。势权有尽，唾笑无穷。夫何益哉！彼有国者亦奚利有此臣哉？此植党之风，人臣所当深戒者也。

【注释】

〔1〕臣工：群臣百官。　　和衷：和睦同心。

〔2〕党与：同党的人。

〔3〕饬躬：正身。

〔4〕耿介：正直。

〔5〕莅(lì)官：赴任，指官员到职。莅，临。

〔6〕纯臣：行为纯正的大臣。

〔7〕慝(tè)：邪恶。

〔8〕要津：重要的渡口。这里指显要的位置。

〔9〕假：借用。

〔10〕错枉：排斥邪恶。错，通"措"，弃置，此指排斥。枉，弯曲，引申为邪恶。

〔11〕通显：指显要的官位。

〔12〕謇谔（jiǎn è）：正直敢言貌。

〔13〕析圭：古代帝王分封诸侯时按爵位高低，颁赐圭玉，称析圭。此指国家重臣。圭，一种玉器，上尖下方。

〔14〕或：有人，代词。

〔15〕踽踽（jǔ jǔ）凉凉：孤独冷清的样子。　耦：通"偶"，成对。

〔16〕达道：公认的准则。

〔17〕里闬（hàn）：此指乡里。闬，里门。

〔18〕比肩：并肩。

〔19〕孔子（前551—前479）：名丘，字仲尼。鲁国陬邑（今山东曲阜东南）人。春秋末期著名思

想家、教育家，儒家学派的创始人。

〔20〕君子周而不比：此句见《论语·为政》："君子周而不比，小人比而不周。"周，亲密，此指团结。比，勾结。

〔21〕和而不同：此句见《论语·子路》："君子和而不同，小人同而不和。"和，和睦。同，苟同。

〔22〕虞廷二十二人：指虞舜朝廷中的夏禹等22位大臣。《史记·五帝本纪》有"舜曰：'嗟！女（汝）二十有二人，敬哉，惟时相天事'"及"此二十二人咸成厥功"等记载。由于他们相互协助，共同努力，使得当时"四海之内，咸戴帝舜之功"。

〔23〕都：叹词。表示赞美。　俞：表示应答和首肯，相当于是、对。《尚书·益稷》："禹曰：'都，帝，慎乃在位。'帝曰：'俞。'"此指君臣相处和睦。

〔24〕吁（xū）：叹词。表示惊讶、感慨等。　让：

谦让。《尚书·尧典》："允恭克让。"孔颖达疏
引郑玄曰："推贤尚善曰让。"

〔25〕庶尹允谐：此句见《尚书·益稷》："百兽率舞，
庶尹允谐。"庶尹，百官之长，此指夏禹等 22
位大臣。允谐，和睦相处。

〔26〕李逢吉：底本作"李逢吉"，今据文渊阁《四库
全书》本改。李逢吉（758-835），字虚舟，唐
陇西（今甘肃陇西东南）人。唐宪宗时拜同中
书门下平章事。为人阴险狡诈，把持朝政，排
斥异己。

〔27〕张又新、李训、李续、李虞、刘栖楚、姜
洽、张权舆、程昔范：这八人均系李逢吉党
羽。《新唐书·李逢吉传》："其党有张又新、李
续、张权舆、刘栖楚、李虞、程昔范、姜洽
及（李）训八人。"张又新，清刻本、清抄本
及文渊阁《四库全书》本均误作张文新。李
续，以上诸本均误作李续之。姜洽，以上诸本

均误作姜洽。今皆据中华书局版《新唐书》本
传改。

〔28〕李宗闵（？—846）：字损之，唐宗室。他和牛
僧孺等人结为朋党，与李德裕派系长期党争不
断，史称"牛李党争"。　　李德裕（787—
850）：字文饶，唐赵郡（今河北赵县）人。唐
代大臣。为"牛李党争"中李党首领。

〔29〕牛僧孺（779—848）：字思黯，唐安定鹑觚（今
甘肃灵台）人。为"牛李党争"中牛党首领。

〔30〕其君：指唐文宗李昂，公元 826 年至 840 年在
位。　　河北贼：指魏博、成德、卢龙三镇
节度使田承嗣、李宝臣和李怀仙。三人各拥重
兵，盘踞今河北、河南、山东一带，自署文武
官将，私自征收赋税，俨然是独立的王国。

〔31〕祚：皇位。此指朝廷。

〔32〕章惇（1035—1105）：字子厚，宋建州浦城
（今属福建）人。支持王安石变法，任编修三

司条例官，后为参知政事。司马光罢废新法，章惇被贬。哲宗亲政后又被起用，他恢复青苗、免役诸法，引用蔡卞等人，对守旧派进行打击。

〔33〕罔（wǎng）：欺骗。

〔34〕蔡卞、林希、张商英、黄履、来之邵、周秩、上官均：均为章惇同党，多由章惇引荐做官。

〔35〕任言责：指担任进言劝谏的重要职务。言责，进言劝谏的责任。

〔36〕蔡京（1047—1126）：字元长，北宋兴化军仙游（今属福建）人。官至户部尚书，拜太师。他善于逢迎，先后四次为相，极尽搜括之能事，是当时深为百姓痛恨的"六贼"之首。　　蔡攸（1077—1126）：字居安，蔡京长子。崇宁三年（1104）赐进士出身。后与其父各立门户，相互敌视。

〔37〕服官：做官。

【译文】

自古以来太平盛世的出现，都是大小官吏齐心协力、努力建功立业的结果。这样，国家才能长治久安，群臣的声誉也会流传下去。臣子立世的方法很多，大致说来有不结朋党，不爱虚名，不图私利，不贪贿赂，克己正身，至诚地侍奉君主，正直地做人，勤勉谨慎地为官。这些都是最重要的。做到了这些，品行就会端正，学问就不会有偏差，事业就能获得成功。称他们是行为纯正的大臣，他们也会问心无愧吧。但那些奸邪之臣却不是这样。他们作恶多端，其中最主要的莫过于结成朋党。这些人开始的时候，往往在小事上表现出忠诚和信用，沽名钓誉。乘君主励精图治、锐意进取之际，施展计谋，骗取君主的赏识和重用。于是君主对他们坦诚相见，任用不疑。等到他们占据要位，掌握了大权，便凭借朝廷的刑法与赏赐显示自己的声威。大肆培植亲信，作为自己的党羽。表面上借扶正除邪之名，实际却做党同伐异之事。对依附自己的人进行吹捧和扶植，把他们提拔到重要的岗位；对违抗自己的人加以诽谤和攻击，把他们推到犯罪的境地。他们这样做的意图，是要把刚正不阿的人全部赶出朝廷，凡国家重臣都要出于他们自己的门下。这种现象持续下去，奸邪小人就会逐渐增多，国家政事就会日趋废坏。危害性真是一言难尽啊！

有人问：结党的危害性既然如此，那么是否应该孑然一身、不与人接触才好呢？古人所提倡的朋友之间的交情，又作何解释呢？回答是：不能这么说，应该权衡各自的侧重面。如果居住在乡间，就应该看重朋友间的情谊；一旦入朝为臣，与别人一起侍奉君主，就要注重为臣的节操。重视为臣的节操就不应再谈论往日的交情。所以，君子为君主服务，就不能随便地附和他人，不追求标新立异，心里想的只是如何终日为君主一人效力而已。因此，孔子说："君子讲团结而不是勾结"，"与人和睦相处，而不是盲从附和"。这样做哪会有结党的事呢？如虞舜时，朝廷上的夏禹等22位大臣一起讨论问题，互相支持，又彼此谦让。他们济济一堂，相处融洽。难道不结为朋党就不为后人所看重吗？

结党之人如唐代的李逢吉，独断专权，任用张又新、李训、李续、李虞、刘栖楚、姜洽、张权舆和程昔范等人，让他们担任重要的职务。结果，他们权倾朝野，极力陷害正直之士。李宗闵憎恨李德裕，便推荐牛僧孺等人为官，用来排挤李德裕。而李德裕也拉帮结派，与李宗闵对立，互相倾轧。以致唐文宗感慨说"消灭河北的割据势力容易，去掉朝中的朋党却很难"。唐朝从此一蹶不振。宋代的章惇，欺骗君主，以权谋私，任用蔡卞、林希、张商英、黄履、来之邵、周秩、上官均等人。他们占据了关键部门，担任了重要职务，与朋党密谋策划，对仇敌打击报复。蔡京、蔡攸父子甚至互为仇敌，各自拥有自己的势力。宋朝也因此衰落下去。

唉！不把毕生精力用于侍奉君主、恩泽百姓上，却用于呼朋唤友、结党营私；不用于做官从政上，却用于投靠奸臣、嫉妒贤能。终究是一时酿成祸患，万世恶名流传。权势地位是有限的，而被后人唾骂嘲笑却没有尽头。这样做有何益处！如此奸臣对于国家又有什么好处呢？结党的风气，做臣子的应该深深地引以为戒。

二、好名论

【原文】

凡为臣者，宜崇实效，不宜务虚名。务名者，其行必骄，其意必浮。苟取一时之声称，而其言与事之当否弗顾也。推原厥心[1]，以为吾发之于言，举之于事，但可以见吾志、成吾名足矣。至于必可见之施行，必可垂之永久者，则皆赅之君上而彼不与[2]。夫使人人尽怀好名之心，则国家之实事又将谁倚？为戚为休[3]，不相关切，如秦人视越人之肥瘠[4]，漠然无所动其心[5]，岂非不忠之大者哉？

或曰：孔子曰"君子疾没世而名不称[6]"，名亦人所宜尚也。苟尽不好名，将败德逾闲[7]，罔知所忌[8]，不更可惧乎？曰：不然。夫败德逾闲之徒，乃不可一日容于世者也，乌足道哉？所谓不好名者，令其专力于实，以期有济于国耳。使实至而名从之，则名非浮名，讵不甚美[9]？

惟一意于好名而不顾其实，则虽言若近正，事若近理，皆断不可行，断不可久者矣。是故以好名之心事主，则辅佐必不诚。名为将顺[10]，而实则阴饰依阿[11]；名曰劻勷[12]，而实则外沽侃直[13]。以好名之心用人，则举错必不当。所奖进者，炫耀浮华之辈；而摈抑者，淳朴厚重之儒。以好名之心进言，则建白必不纯[14]。或附于雷同而非

19

本肺腑，或出于矫激而自命孤高〔15〕。以好名之心治民，则爱养必不笃〔16〕。兴一利，或名美而实背；除一害，或名去而实存。以好名之心饬行〔17〕，则践履必不端〔18〕。或粝食敝服〔19〕，以鸣其廉；或厚貌深情，以文其度〔20〕。彼将以欺世盗声，匿情干誉〔21〕。而一朝败露，伎俩毕穷，上必见弃于君，下必见绝于友。如王衍、殷浩之流〔22〕，其明鉴也。不特此也，充好名之弊，必党比矜争〔23〕，贻害深远。如东汉李膺、荀昱等徒〔24〕，以善善恶恶〔25〕，更相标榜，立"顾、厨、俊、及"之名〔26〕，至陨其躯〔27〕，无裨于世〔28〕。此其人皆贤者，而好名之弊尚至于斯。况夫不崇实效，纯务虚名，上则误君，外则误世，内则误身者乎？於戏〔29〕，可戒也已！

【注释】

〔1〕厥：其，他的。

〔2〕与：过问。

〔3〕戚：忧虑。　　休：喜乐。

〔4〕秦人视越人之肥瘠：春秋时期的秦越二国，一在西北，一在东南，相去极远。故言疏远者常以秦越作比喻。语出唐人韩愈《争臣论》："视政之得失，若越人视秦人之肥瘠，忽焉不加喜戚于其心。"此处作"秦人视越人"，恐引用有误。

〔5〕漠然：形容不相关心。

〔6〕君子疾没（mò）世而名不称：此句见《论语·卫灵公》："君子疾没世而名不称焉。"疾，恨。没世，死亡。

〔7〕逾闲：放荡不羁。逾，越过。闲，约束。

〔8〕罔知：不知。

〔9〕讵（jù）：岂。

〔10〕将顺：顺从。

〔11〕依阿（ē）：曲意逢迎，附和。

〔12〕劻勷（kuāng xiāng）：辅佐。

〔13〕沽：求取。 侃直：指直抒己见，无所顾忌。

〔14〕建白：见解，意见。

〔15〕矫激：奇异偏激。

〔16〕笃：深厚。

〔17〕饬行（chì xíng）：使行为谨严合礼。

〔18〕践履：亲自履行，指所作所为。

〔19〕粝（lì）食：粗米饭。 敝服：破旧的衣服。

〔20〕文：通"纹"，修饰。 度（duó）：图谋。

〔21〕干誉：追求名誉。

〔22〕王衍（256—311）：字夷甫，西晋琅邪临沂（今
　　　山东临沂北）人。出身士族，好谈老庄，是玄
　　　学清谈的代表。官至尚书令、太尉。但当晋朝
　　　危亡时，他却无能为力。永嘉五年（311），王
　　　衍被羯族首领石勒俘获，后被活埋。　　　殷

浩（303—356）：字渊源，东晋陈郡长平（今河南西华东北）人。喜谈玄理，颇负盛名。东晋北伐，殷浩都督扬、豫、徐、兖、青五州军事。因被叛军击败，朝廷加罪，废为庶人。东晋权臣桓温与其绝交。

〔23〕党比：结成私党。　　矜争：炫夸争功。

〔24〕李膺（110—169）：字元礼，东汉颍川襄城（今河南许昌襄城县）人。桓帝时为司隶校尉，与太学生结交，抨击时政，反对宦官集团，被诬为结党诽谤朝廷，入狱。释放后禁锢终身，不得做官。灵帝即位，复被起用，与太尉陈蕃等谋诛宦官失败，被捕，死于狱中。　　荀昱（？—170）：字伯条，东汉人。参与谋诛宦官，事败，与李膺俱死。

〔25〕善善恶恶（wù è）：称赞善事，憎恶坏事。

〔26〕顾、厨、俊、及：东汉后期天下名流的雅号。《后汉书·党锢列传》："指天下名士，为之称号。

上曰'三君'，次曰'八俊'，次曰'八顾'，次
曰'八及'，次曰'八厨'，犹古之'八元''八
凯'也。""君者，言一世之所宗也"，"俊者，
言人之英也"，"顾者，言能以德行引人者也"，
"及者，言其能导人追宗者也"，"厨者，言能
以财救人者也"。李膺、荀昱为"八俊"之一。

〔27〕陨：通"殒"，死亡。

〔28〕裨（bì）：补益。

〔29〕於戏（wū hū）：即呜呼，叹词。

【译文】

　　凡是做官的人都应该注重实效，而不应该追求虚
名。追求虚名的人，其行为必然骄纵，其见解必然肤
浅，为博取一时的名誉，而不在乎自己说的话、办的事
是否妥当。究其原因，就在于这种人所说的话、办的
事，往往只考虑能表达自己的意愿、留下自己的名声就
行了。至于他的所言所行能不能付诸实践、长久流传，

则全都推诿给君主而自己不闻不问了。假如人人都怀有好名之心，那么国家的实事又将依靠谁去做呢？对国家的喜忧无动于衷，就像春秋时期秦国人看待越国人的胖瘦一样，因疏远隔膜而不加关切，这不是太不忠诚了吗？

有人会问：孔子说过"君子恨他死后名声不被人称颂"，可见名声也是应该看重的。假如人人都不好名，将会导致道德败坏，无所顾忌，那不是更可怕吗？回答是：不能这么说。道德败坏、行为不检点的人是一天也不允许存在的，又哪里值得一提呢？所谓的不好名，是指专心致力于实际工作，以图报国。工作先做好了，又取得了名声，那么这种名声就不是虚名。这样岂不是更好？

如果一个人只是追求名声而不考虑自己是否配得上，那么即便他说的话好像不偏不倚，做的事似乎合情合理，也是绝对行不通、绝对不能维持长久的。因此，以好名之心服侍君主，那么辅佐肯定不会真诚。表

面上顺从，实际却在掩饰自己附会迎合的心理；表面
上尽力辅佐，实际却是要博取直言不讳的名声。以好
名之心选人用人，则任免肯定不当。所奖励提拔的，
都是些炫耀浮夸之辈；而排斥压抑的，却是些淳朴忠
厚之人。以好名之心进言献策，则建议的动机肯定不
纯。或是附和众议而非出自肺腑之言，或是议论偏激
以示不凡。以好名之心治理百姓，则爱护养育之情肯
定不深。说是做了一件好事，实际可能恰恰相反；说是
除去一个公害，实际可能依然存在。以好名之心奉行
礼制，行为举止肯定不端正。或以吃粗粮、穿破衣表示
廉洁，或以忠厚的外表掩饰内心的计谋。他这样做是
为了欺骗世人，窃取名声，隐瞒真情，追求名誉。而一
旦真相暴露，伎俩穷尽，必然被君主所抛弃，朋友也会
和他断绝往来。例如晋代王衍、殷浩等人的情况，就
足以借鉴。不仅如此，好名的弊端还有结成私党、夸耀
争功，贻害无穷。比如东汉的李膺、荀昱等人，奖善嫉
恶，互相标榜，确立了"顾、厨、俊、及"的美名，结果

却丢了性命，无济于世。这些人都是贤明之士，好名给
他们带来的后果尚且如此，更何况那些不求实效，只
图虚名，对上危害君主，对外危害世人，对内危害自身
的人呢？唉，这些都是教训啊！

三、营私论

【原文】

天地以无私成其至公[1]，人君奉之，以驭天下。故喜怒无毗[2]，刑赏必当。况为人臣者而可怀私心以自遂乎[3]？夫私每起于一念之微，而害必及于天下之大，不可以不戒也。何也？人惟无私，则其识明、其守坚、其道平[4]、其衷坦[5]。何德不成，何功不立？苟一有私，则虽有过人之才，为私所挠而皆不能以自见。其遇事也，明知为当行者，或以不便于己而已之。及不当行者，则又明知其故，第以有便于己而必行。因之意虑昏懵[6]，是非淆乱，外拂乎舆论而中常怀夫瞻顾之思[7]。欲望其进正人、陈正言、建正业，岂可得哉？

是故营私之人深藏厥心，乘间而发。往往假正大之论议，济其阴险之谋，以几幸于人之堕其术中而不觉[8]。甚则以彼私心措诸行事，迹其外亦似正人君子之所为，而暧昧之衷，常不可以质鬼神而告天地。于是后国家之正务而先便身图虑，不及于四方而常急为子孙之计。至或有所汲引[9]，则不问其人之贤与愚，才之能与否，而惟私是视。所爱且誉者，必其比昵者也[10]，不则有恩于彼者也，不则欲招致之以为腹心者也；所憎且毁者，必其疏远者也，不则有怨于彼者也，不则勋名才望出于己右而思所以排挤之者也。夫惟出于私心，故爱憎毁誉，乖谬若此。如唐之李林甫忌张九龄、李适之、卢绚〔11〕，则百计阴陷，去之而后快；喜王铉、吉温、罗希奭〔12〕，则引置要地，以排抑正人。嗟乎！林甫秉国之钧不可谓不尊，十有九年不可谓不久，赐以贡物不可谓不渥〔13〕。而乃恣意行私，忍负君恩而不顾，尚得谓之有人心哉？私之不可不去也如斯矣。

然则去私当奈何？曰：化乃褊心〔14〕，祛乃忌心，正乃偏心。上惟效忠于主，下惟加意于民。远则畏后世之公评，近则爱一身之名节。然后仰不愧于天，俯不怍于人〔15〕，足以酬君恩而有益于天下。为人臣者，其慎思之！

【注释】

〔1〕至公：极其公正。

〔2〕无疕（pí）：不受损伤。疕，损伤。《庄子·在

宥》："人大喜邪？毗于阳。大怒邪？毗于阴。"

〔3〕自遂：自得其乐。

〔4〕道平：这里指是非标准明确。

〔5〕衷：内心。

〔6〕意虑：思虑。　昏懵（měng）：昏昧。

〔7〕拂：违背。　中：内心。　瞻顾：左顾右盼，犹豫不决。

〔8〕几幸：非分企求。几，通"冀"，希望。　堕：落入。

〔9〕汲引：引荐。

〔10〕比昵：过分亲近。

〔11〕李林甫（683—753）：小字哥奴，唐宗室。历任礼、户、兵三部尚书，中书令，居相位十九年，专权自恣，杜绝言路。对人表面亲近，却暗加陷害，人称"口蜜腹剑"。　张九龄（678—740）：字子寿，唐韶州曲江（今广东曲江北）人。玄宗开元年间任宰相，后遭李林

甫陷害，贬为荆州长史。　李适之（694—
747）：原名昌，唐宗室。天宝元年（742）为
左相。后被李林甫排挤，罢为太子少保，再贬
为宜春太守。　卢绚：唐代大臣，兵部侍郎。
为李林甫忌恨，被其恫吓，卢绚畏惧，出任地
方刺史。

〔12〕王铁（hóng，？—752）：唐太原祁县（今属山
西）人。依附李林甫，为其爪牙。官至御史大
夫，兼京兆尹，身兼二十余职。　吉温（？—
755）：唐洛州河南（今河南洛阳）人。掌刑狱，
喜严刑逼供，与酷吏罗希奭号称"罗钳吉网"。
被李林甫擢为户部郎中，兼侍御史。　罗希
奭：唐钱塘（今浙江杭州）人。投靠李林甫，
自御史台主簿迁至殿中侍御史。

〔13〕渥（wò）：丰厚。

〔14〕褊（biǎn）心：狭隘的心胸。

〔15〕怍（zuò）：惭愧。

【译文】

　　天地由于无私而达到极公正的境界，君主遵循这一原则，治理天下。所以不会因过度的喜怒而使身心受到损害，赏罚也一定恰当。君主尚且如此，普通的臣子又怎能怀有私心并自以为是呢？私欲往往起源于微小的念头，但造成的危害却会波及天下，不能不加以防范。为什么这么说呢？因为人只有无私，他的见识才能高明，他的节操才能坚定，他的是非标准才能明确，他的内心世界才能宽广。这样的话，什么样的品德不能培养，什么样的功业不能建立呢？如果怀有私念，那么即便他有出类拔萃的才能，也会由于私念的阻挠而无法表现出来。这种人在遇到事情的时候，明知应该做，也会由于于己不利而不做；遇到不该做的事，明明知道原因，却会由于于己有利而去做。这样就会导致头脑发昏，是非混淆，对外与百姓的看法不同，内心又经常疑虑重重。想要指望这种人推荐正直的人才，表达正确的意见，建立正常的功业，那怎么可能呢？

　　所以，谋私利的人都是暗藏私心，伺机而动。这种人发表议论的时候，往往装成光明磊落的样子，实际却暗施计谋，希望别人中了他们的圈套还没有察觉。有的人甚至把私念付诸行动，所作所为表面上看像个正人君子，内心却怀有不可告人的目的。于是，他们把国家的事放在后边而先替自己打算，不是先为天下人着想，而是常常急着为自己的子孙考虑。有人需要他引荐时，他不问这个人是贤还是愚，有没有才能，而是按照自己的标准和私心进行衡量。他所喜欢和称道的，一定是和他关系极密切的人，或者是对他有恩惠的人，或者是他要招为心腹的人；他所嫌恶或诋毁的，一定是和他疏远的人，或者是他怨恨的人，或者是功名、才能都超过他而他想要排挤的人。正是因为出于私心，所以爱憎毁誉的标准竟荒谬到如此地步。比如，唐代的李林甫忌恨张九龄、李适之、卢绚等人，就千方百计地暗中加以陷害，直到把他们都排挤出朝廷才算罢休。他喜欢王铁、吉温、罗希奭等人，就把他们安插到重要的位置上，以打击压制正派的人。唉！李林甫掌握国家的权力不可谓不大，前后十九年不可谓不长，赏赐给他的东西不可谓不多。然而，他却恣意妄为，以权谋私，忍心辜负君主的恩泽。这种人还称得上有人心吗？由此看来，私欲不可不除。

那么，有什么办法能去掉私欲呢？回答是：消除狭隘的心理，除去嫉妒的念头，纠正偏袒的想法。对上只效忠君主，对下只关心百姓。往远处想，要敬畏后人公允的评价；往近处想，要爱惜自己的名誉与节操。这样才能仰无愧于天，俯无愧于民，才足以报答君主的恩宠而有益于天下的百姓。身为臣子，应该慎重地考虑这些问题啊！

四、徇利论

【原文】

利之祸人甚矣哉！古来人臣之败名、丧德、亡身、覆宗，蔑不由此。如张禹之内殖货财[1]，元载之外通赇赂[2]，王戎之执筹会计[3]，石崇之聚贿争豪[4]，或被僇于当时[5]，或贻讥于后世。故《书》儆殉货[6]，《诗》刺贪人[7]，鲁褒致论于《钱神》[8]，崔烈见嘲于"铜臭"[9]。利之当戒，自昔然矣。

或曰：利何以祸人至此哉？曰：利也者，义之反而害之邻也。徇利之徒，其处心积虑，昕夕图维者〔10〕，唯利而已。大则纵其溪壑之欲〔11〕，而细不遗夫锱铢〔12〕。念一注于丰腴〔13〕，而遂不复有及人之惠。岂更能卑躬约己，以名义为重哉？是故嗜欲胜则神智昏〔14〕，昧久大之图而计不出乎眉睫。其始也，亦未尝无砥砺之志〔15〕，而一为利夺，即顿丧其所守，不惜寡廉鲜耻以求之。或机械巧设〔16〕，欺世以遂其侵渔〔17〕；或残虐横加，戕物以行其饕餮〔18〕。不知罔利既久，丛怨必深。既众论之所难容，必王章之所不贷〔19〕。即令偶逃国宪，坐拥家资，而天道忌盈，多藏贾祸〔20〕，讵得长享富厚哉？

嗟，嗟！既已委身为臣矣，试思朝廷之所以任己者何其重，百姓之所以望己者何其殷，与夫生平之所以自许者何其远且大，而孳孳焉唯利是逐〔21〕，尚堪腼颜立于人世耶〔22〕？度其心，不过图一己之逸豫耳，博一时之声势耳，贻后人之饶裕耳。夫逸豫之乐，孰与礼义之高？声势之浮荣，孰与事功之不朽？贻以饶裕，孰若贻以清白之为安？且蹈危履险、贪得无厌、凶于而身[23]、害于而家，又何如知止知足、不辱不殆[24]、以洁其身而保其家也！故汉臣董仲舒有言[25]：“皇皇求财利常恐乏匮者，庶人之意也；皇皇求仁义常恐不能化民者，大夫之意也。”奈何居大夫之位而为庶人之行哉？且大臣不廉，无以率下，则小臣必污；小臣不廉，无以治民，则风俗必坏。层累而下，诛求勿已[26]，害必加于百姓，而患仍中于邦家。欲冀太平之理，不可得矣。

夫利之为名，人莫不知避。今试诟一人[27]，曰汝徇利，彼必艴然不受也[28]。及其见利，又往往口鄙而心羡之。或心知其非，蔽于欲而躬蹈之，曰：吾姑取焉，未必遽至于害也。又奚怪乎清文浊质者之比比哉[29]。故反覆乎徇利之害，令贪利者静思而力改之耳。

【注释】

[1] 张禹（？—前5）：字子文，西汉河内轵县（今河南济源东南）人。成帝时为相，生活奢侈，广置田产，而且多为泾水、渭水流域的膏腴之地。《汉书·匡张孔马传》评价张禹等"持禄保位，被阿谀之讥。彼以古人之迹见绳，乌能胜其任乎！"　殖：经营。

[2] 元载（？—777）：字公辅，唐凤翔岐山（今属陕西）人。肃宗时，结附宦官李辅国，出任宰相。他结党营私，卖官纳贿，大肆敛财，后为代宗所杀。　赇（qiú）赂：贿赂。

[3] 王戎（234—305）：字濬冲，西晋琅邪临沂（今

山东临沂北）人。惠帝时，官至司徒。为人贪
婪，积钱财无数，常自执牙筹（象牙制的筹码，
计数用），昼夜计算，为时人所讥。　　会计：
总合计算为会，零星计算为计，泛指算账。

〔4〕石崇（249—300）：字季伦，西晋渤海南皮（今
河北沧州南皮县东北）人。曾为荆州刺史，因劫
掠客商得财产无数。他与洛阳城的贵戚王恺斗
富，以蜡代薪，作锦步障五十里，王恺虽得武帝
支持，仍不能敌。永康元年（300）被赵王司马
伦所杀。

〔5〕僇（lù）：通"戮"，杀戮。

〔6〕《书》傲殉货：《书》指《尚书》，是上古帝王言
论及国家公务文书的汇编。《尚书·伊训》有
"敢有殉于货色，恒于游畋，时谓淫风"等语。
傲，告诫。殉货，为贪图财物而死。

〔7〕《诗》刺贪人：《诗》指《诗经》，是我国第一
部诗歌总集。其中有不少讽刺贪人的作品，如

《魏风·硕鼠》,《毛诗序》云:"国人刺其君重
敛,蚕食于民,不修其政,贪而畏人,若大
鼠也。"

[8] 鲁褒致论于《钱神》:鲁褒,字元道,西晋南阳
(今属河南)人。甘于贫寒,隐姓埋名,著《钱
神论》,讽刺贪鄙的人。致,表达。

[9] 崔烈见嘲于"铜臭(xiù)":崔烈(?—192),字
威考,东汉幽州涿郡安平(今河北安平)人。
《后汉书·崔骃传》载崔烈花费五百万钱买得司
徒一职。一日崔烈问其子:"吾居三公(司徒为
三公之一),于议者何如?"其子曰:"论者嫌其
铜臭。"

[10] 昕夕:朝暮,指终日。昕,拂晓。 图维:
也作"图惟",考虑。

[11] 溪壑(hè)之欲:比喻极大的私欲。溪壑,两
山之间的大小河沟。

[12] 锱(zī)铢:古代重量单位,六铢等于一锱,

四锱等于一两。这里比喻极微小的数量。

〔13〕丰腴：富裕。腴，腹下的肥肉，这里引申为财富。

〔14〕嗜欲：极大的贪欲。

〔15〕砥砺之志：坚强的意志。砥砺，磨刀石。

〔16〕机械：巧诈。

〔17〕侵渔：侵夺吞没。渔，是说侵夺财物如渔人捕鱼，网罗一空。

〔18〕戕（qiāng）：残害。 饕餮（tāo tiè）：传说中一种贪食的恶兽。常用以比喻贪婪凶恶的人。

〔19〕王章：法规。 贷：宽恕。

〔20〕贾（gǔ）祸：招来灾祸。

〔21〕孳孳：不懈追求的样子。

〔22〕堪：能。 腼（miǎn）颜：厚颜。

〔23〕而：你的，代词。

〔24〕辱：困辱。 殆：危害。《老子》第四十四章：

"知足不辱，知止不殆。"

[25] 董仲舒（前179—前104）：西汉广川（今属河北）人。今文经学大师。以《贤良对策》被武帝赏识。提出"罢黜百家，独尊儒术"，以及天人感应、三纲五常等儒家理论。著有《春秋繁露》等。以下引语见《汉书·董仲舒传》。　皇皇：同"遑遑"，匆忙貌。　大夫：这里泛指一般官吏。

[26] 诛求勿已：即诛求无已，意思是勒索诈取没完没了。

[27] 诟（gòu）：辱骂。

[28] 艴（bó）然：恼怒貌。

[29] 清文浊质：外表清廉而内心污浊。

【译文】

利这个东西对人的危害是很大的。自古以来，臣子名声败坏、道德沦丧、自身毁灭以及宗族覆亡等，莫不由此。如汉代的张禹在家中经营财产，唐代的元载在外收取贿赂，西晋的王戎拿着象牙筹码日夜算账，西晋的石崇聚敛财物、与人斗富，他们有的在当时被杀死，有的为后人所讥笑。所以，《尚书》告诫人们不要为财而死，《诗经》多处讽刺贪婪的人，鲁褒憎恨世俗贪鄙而写《钱神论》，崔烈用钱买官、被人嘲笑有"铜臭"味。对于利应该戒除，自古以来都是这个道理。

　　有人问：利为什么能把人害到这般地步呢？回答是：利与仁义相去甚远，却与灾害联系在一起。嗜利之人处心积虑、朝思暮想的就是一个"利"字。大到满足其溪壑之欲，小到不忘记铢积寸累。满脑子想的都是如何发财，自然就不会去考虑别人的利益。这种人怎么能够严于律己、注重名誉呢？所以贪欲极强的人往往神志昏昏，目光短浅，没有宏伟的志向。这种人当初也并非没有远大的抱负和顽强的意志，可是一旦利欲熏心，就立即丧失了原有的操守，不惜寡廉鲜耻地去追逐私利。或者巧妙地伪装自己，欺骗世人，攫取利益；或者凶残无比，残害万物，表现出丑恶贪婪的嘴脸。殊不知贪图私利的时间一长，积怨必然加深。既为公众舆论所不容，又不被国家法律所饶恕。即使侥幸逃脱了国法的制裁，坐拥万贯家资也是被上天所忌讳的，这等于自求祸患，怎么能够长久地享受富贵呢？

唉，唉！既然已经成为辅佐君主的大臣，就请想一想朝廷让自己担任的职务是多么重要，百姓对自己寄予的希望是多么殷切，自己生平立下的抱负是多么远大。如果不懈地追逐私利，还能有脸面活在人世间吗？这样做的人想来谋求的不过是自己享受富贵，取得一时的声威气势，留给子孙一大笔财富而已。其实，享受富贵哪有懂得礼义那么高尚？声威气势哪有建功立业那样不朽？留给子孙财产哪有让他们一身清白更加安全？身陷险境，贪得无厌，必然遭遇不测而又殃及家人。还不如适可而止，知足而乐，没有困辱，没有危险，从而保持自身的清廉，也使家人平安无事。所以汉代董仲舒说："整日追求财富并担心匮乏，是老百姓的想法；整日追求仁义并担心不能教化民众，是为官者的想法。"怎么能身居官位却表现出老百姓的思想行为呢？况且大臣不廉洁，就不能作为表率，小臣必然贪污；小臣不廉洁，就无法治理百姓，风俗必然败坏。这样层层向下，勒索诈取没完没了，最终受害的还是老百姓，而国家也会处于祸患之中。希望天下太平，自然是不可能的了。

　　对利的名声，人们都知道要加以回避。如果你辱骂一个人，说他嗜利，那他一定满脸怒色，不会承认。但等他看到有利可图时，却又口头鄙视而心向往之。或者明知不对，却被贪欲所支配，想去尝试一下，认为：我姑且拿一些，祸害未必会骤然降临吧。因此，那些外表清廉而内心污浊的人比比皆是，也就不足为怪了。这里反复强调嗜利的危害性，就是为了让贪利的人好好想一想，并努力加以改正。

五、骄志论

今夫万乘之君[1]，至尊也，百官兆民罔不从令[2]。苟惟所欲为，孰能沮之[3]？然且兢兢焉[4]，仰畏天监，俯顾民岩[5]。凡行政用人，必式协舆情而不之咈[6]。乃为人臣子，反逞其骄志，可乎哉？是以人臣之行，莫善于敬，莫不善于骄。盖骄则自盈，自盈则惰慢之气存于中，傲肆之形见于色。虽有善焉，莫之能益矣[7]。

或曰：骄之类可得闻欤[8]？曰：骄之为类

多矣，而大者有三：有恃夫勋劳者，有矜夫才学者，有挟夫权势者[9]。夫策勋立业[10]，亦人臣分内事耳。在上者酬庸念旧[11]，或改容而礼貌之[12]。在下者必不宜自恃勋劳，遂可怠其臣节。至若才能学问，靡有尽期。谦则日底于有余，骄则日底于不足。人臣幸以才学见用于时，政宜虚己受人，集思广益，庶几足以答知遇而展经纶[13]。乃矜之而骄，则虽有异材，其亦不足观也已。若夫大权重势，维辟所以宰制天下者[14]，人臣靖共守法，佐主分猷[15]。当以庆赏刑威，还之朝廷，而己不擅。乃挟之而骄，则何道也？凡此者，莫不始于自盈，而其流弊，遂不可殚述[16]。

或曰：其流弊奈何？曰：恃勋劳者，苟有侈然自诩之心[17]，则恣意而行，鲜所顾忌。节制之，则觖望之念生[18]；优而容之，

即又渐滋其跋扈。夫德不胜骄[19]，则功不
胜罪。人主纵欲矜其旧勋而贳之[20]，讵可
得哉？矜才学而骄者，谓天下之人莫己若
也[21]。于是发论必以为嘉谟[22]，创法必以
为成宪[23]。谀之则以为贤，而拂之即以为
不肖。夫天下之大，岂无智能足以藉资者？
而自彼视之，皆无足取。终至佞人日亲[24]，
正士日疏。岂第无益于身，抑将贻误于国
矣。恃权势而骄者，多因人主谓其足用，不
免专望而优待之[25]。望之也专，彼则曰：非
我莫胜也。待之也优，乃又倚一人之重之，
而习为倨傲[26]，至于颐指当世[27]，凌轹百
僚[28]。彼且不知为骄也，曰：应也。独不念人
主专望优待之意谓何，而忍负之耶？是故以韩
信之勋劳[29]，骄焉而竟至怨望[30]；以王安石
之才学[31]，骄焉而竟至执拗[32]；以窦宪之权

势〔33〕，骄焉而竟至凌肆〔34〕。骄之流弊如此，故曰：人之行，莫善于敬，莫不善于骄也。

或曰：敬之善，奈何？曰：唯敬则不特不敢恃勋劳，而方惧无以尽吾力；不特不敢矜才学，而方惧无以副厥职〔35〕；不特不敢挟权势，而方惧无以免于过。夫如是，则何骄之有哉？

【注释】

〔1〕万乘（shèng）之君：指君主。万乘，古时一车四马为一乘。周制，王畿方圆千里，能出兵车万乘，后因以"万乘"指帝位。

〔2〕兆民：众百姓。兆，数目。古代以万万为亿，万亿为兆。极言其多。

〔3〕沮：制止。

〔4〕兢兢：小心谨慎貌。

〔5〕顾：顾忌。　　岩：参差不齐貌，引申为僭越。

此指犯上作乱。《尚书·召诰》:"王不敢后,用顾畏于民碞。"孔颖达疏:"碞即岩也,参差不齐之意,故为僭也。"

〔6〕式:取法。　舆情:民众的看法。　咈(fú):违背。

〔7〕益:通"溢",流露。这里指表现。

〔8〕欤:语气词,表示疑问。

〔9〕挟:依仗。

〔10〕策勋:把功勋写在简册上,指建立功勋。策,通"册",成编的竹简。

〔11〕酬庸:报答功劳。庸,功。

〔12〕改容:改变神色。这里指和颜悦色。

〔13〕经纶:原指梳理丝缕,引申为政治才干。

〔14〕维:助词。　辟:国君。

〔15〕分猷(yóu):分管。

〔16〕殚(dān):尽。

〔17〕伄然:自大貌。　自诩(xǔ):自相夸耀。

〔18〕觖（jué）望：因不满而怨恨。

〔19〕不胜：抵不过。

〔20〕矜：顾惜。　贳（shì）：赦免。

〔21〕莫己若：即"莫若己"的倒装句，意为没有比
　　　得上自己的。

〔22〕嘉谟：好的计谋。谟，计策。

〔23〕成宪：已有的法律。

〔24〕佞（nìng）人：善以巧言献媚的人。

〔25〕专望：厚望。

〔26〕倨傲：傲慢不恭。

〔27〕颐指：以下巴的动向示意指挥，是极傲慢的
　　　态度。

〔28〕凌轹（lì）：欺压。

〔29〕韩信（？—前196）：秦汉之际名将，淮阴（今
　　　江苏淮安淮阴区）人。帮助刘邦攻灭项羽。初
　　　被封为楚王，后降为淮阴侯。因被告与陈豨
　　　（xī）串通谋反，为吕后所杀。

〔30〕 怨望：心怀不满。《史记·淮阴侯列传》载韩信由楚王被降为淮阴侯后，"由此日夜怨望，居常鞅鞅"。

〔31〕 王安石（1021—1086）：字介甫，号半山，江西临川（今江西抚州）人。北宋改革家、思想家和文学家。宋神宗时任参知政事，实行变法，旨在富国强兵。后遭到保守派的强烈反对，被迫罢相。不久再次起用，旋又罢相。王安石的成就是多方面的，他的文章以论说见长，有《王文公文集》《临川先生文集》等传世。

〔32〕 执拗（niù）：固执倔强。朱熹《三朝名臣言行录·丞相温国司马文正公》："（司马）光曰：'人言（王）安石奸邪，则毁之太过，但不晓事又执拗耳，此其实也。'"

〔33〕 窦宪（？—92）：字伯度，扶风平陵（今陕西咸阳西北）人。东汉外戚、权臣。和帝时，他

权势极盛，骄横残暴。和帝与宦官郑众计划诛
灭窦氏，后将窦宪赐死。

〔34〕凌肆：欺凌，放纵。《后汉书·窦融列传》：“宪
既负重劳，陵肆滋甚。”陵，通“凌”。

〔35〕副：相符。

【译文】

君主是最尊贵的，百官万民无不服从他的命令。
假如君主为所欲为，谁能制止呢？然而君主做事却小
心谨慎，既害怕上天的监视，又担心百姓的僭越。他
在处理政务、任用官吏时，都会考虑百姓的意愿，而不
违背民意。你们作为君主的臣子，反而放任自己骄傲的
心理，这怎么可以呢？所以臣子的行为，没有比谨慎更
好的了，没有比骄傲更糟的了。骄傲就会自满，自满就
会养成懈怠的习气，表现出傲慢放肆的行为。即使有
好的一面，也无法显现出来。

有人问：骄傲有哪些表现形式呢？回答是：骄傲

的表现形式很多，主要有自恃有功、夸耀才学和依仗权势三种类型。建功立业，是臣子分内的事。对此，君主或报答其往日的功劳，或和颜悦色以礼相待。这时候，作为臣子一定不能自恃有功而忽视了自己应守的礼节。至于才能学问，是没有尽头的。谦虚的人每天都会有所收获，骄傲的人每天都会感到不满。臣子有幸能把自己的才学应用于现实社会，从政时应该谦逊容人，集思广益，这样才能报答君主的知遇之恩，并展现自己的才干。如果自以为是并且骄傲，那么即便有出类拔萃的才能，也不值得称道。而炙手可热的权势，是君主用来统治天下的。作为臣子应该谨慎地守法，辅助君主。应该把奖赏、刑罚、威严的权力交还给朝廷，自己不能擅自使用。如果滥用这些权力，就会产生傲慢的心理。为什么这么说呢？因为滥用这些权力的人，都是从自满开始的，而由此带来的严重后果，却难以尽述。

有人问：这样做的严重后果会怎样呢？回答是：自恃有功的人，如果自以为是，盲目自大，就会恣意妄为，无所顾忌。对他进行约束，他就会怀恨在心；对他优待宽容，又会助长他飞扬跋扈的心理。品德抵不过骄纵，功劳就抵不过罪孽。君主纵然想念其昔日的功劳而赦免他，又怎么可能呢？夸耀才学而骄傲的人，以为天下无人能与其相比。于是他认为自己发表的议论一定是好主意，自己制定的条文一定是完备的法律。奉承他的人就被认为是贤者，违背他的人就被认为是不肖。天下之大，难道就没有才能智慧可以借鉴、学习的人吗？然而在他看来，皆不足取。结果只能是日益亲近阿谀小人，而疏远正直之士。这样不仅无益于自身，还将危害国家。依仗权势而骄傲的人，起因往往是人主认为他有用，对他寄予厚望并加以优待。对他寄予厚望，他就会说：除我之外没人能够胜任这项工作。优待并且依靠他，他就会变得傲慢不恭，甚至盛气凌人，欺辱百官。而且他还不知道这就是骄傲，认为就应该这样。他怎么就不想一想君主为什么对他寄托厚望并予以优待，而自己竟忍心辜负这一切呢？正是由于这个缘故，韩信自恃功高而骄傲，结果满腹怨气；王安石因有才华而傲慢，结果固执己见；窦宪依仗权势而骄纵，结果欺上凌下。骄傲的弊端如此严重，所以说人的行为，没有比谨慎更好的了，没有比骄傲更糟的了。

有人问：谨慎的好处是什么呢？回答是：谨慎的人非但不敢自恃有功，还会担心自己没有尽力；非但不敢夸耀学问，还会担心自己不能称职；非但不敢争权夺利，还会担心自己无法避免过错。如果这样，还有什么骄傲可言呢？

六、作伪论

【原文】

人君之于臣也，犹父之于子。子无不可告于父之隐，臣无不可达于君之情。比而观之，其道一也。故臣之事君，一切智术皆无所施，而惟以区区之衷，可相得而罔间者[1]，无他，曰诚而已矣。不诚则伪，伪则计谋日益拙，思日益劳，而所以事君之道日益乖。是故一诚有余，百伪不足。人亦何事舍可恃之诚而作无益之伪乎？

原作伪之心[2]，亦各有其故矣。或有身

居枢要[3]，而中怀欺蔽，欲以智巧惑主上之聪明，遂乃反覆眩真[4]，以默逞夫私臆者。或有素承优渥[5]，而心惧衰替，思以迎合，永固其恩宠，遂乃颠倒是非，而有所弗顾者。或有性本柔靡[6]，而希旨取容[7]。或有慑于威严，而萎苶不振[8]，冀以获上之欢心，遂伺意屡迁，不复自持其真见者。或有外通请谒[9]，而苟且是徇[10]。或有内庇知交，而互为掩饰，情殷私室，念薄公家，虽至身蹈欺蒙，而不遑自恤者[11]。或有躁竞之流[12]，苟于进取，乃缘饰廉隅[13]，以幸遂夫诡获者。或有忌刻之徒，虑夫人之胜己，乃显与而阴诬，至于崄巇之形生于俄顷者[14]。此其所行不同，而为伪之心则一。

乃如之人，无一可者。小则挟术以文奸，如王成之伪增户口[15]，以邀求上考[16]；张汤之怀诈面谩[17]，以致位三公[18]。大则藏欺以误国，如卢杞之阴深险贼[19]，以胁众树威；丁谓之憸狡过人[20]，以嫉贤逛主。有臣如此，诚国家之大蠹哉[21]。大抵人臣之所望于君，动曰：君其信我勿疑耳。夫上之于下，孰不欲以至诚相接哉？使人臣各秉诚以事其君，亦何嫌何疑，而不视为手足腹心也者？夫惟因伪而后疑，因疑而不信，则皆作伪者之自取也。故曰：一诚有余，百伪不足。

　　嗟乎！伪亦奚利于人哉？孟子曰[22]："人之所以异于禽兽者几希。"盖以其有是至诚之心也。今且去诚而崇伪，其于禽兽又奚择乎[23]？故不诚则伪，不伪则诚。纤介之差[24]，谬乃千里。危乎微乎，在人臣深辨之耳！

【注释】

〔1〕相得：彼此相处融洽。　　罔间（jiàn）：没有空隙。罔，没有。

〔2〕原：追究。

〔3〕枢要：指极重要的官职。

〔4〕眩真：迷惑真相。眩，眼花，看不清楚，引申为掩盖。

〔5〕优渥：优厚。

〔6〕柔靡：温顺。

〔7〕希旨：迎合在上者的意愿。　　取容：取悦。

〔8〕萎苶（ěr）：萎靡。这里指沉默寡言。

〔9〕请谒：私下告求。谒，拜见。

〔10〕苞苴（bāo jū）：馈赠的礼物。这里指贿赂。

〔11〕自临：自忧。

〔12〕躁竞：急于追求名利，好与人竞争。

〔13〕缘饰：修饰。　　廉隅：原指棱角。这里比喻品行端正。

〔14〕嵚巇(xiǎn xī)：艰险崎岖，常比喻人事艰险。
这里引申为凶险。 俄顷：片刻。

〔15〕王成：西汉人。任胶东相，以政绩闻名。地节
三年（前67），他自称招抚流民八万余口，宣
帝因此赐其关内侯。后来有人揭发他虚报户
口，以邀爵赏。

〔16〕上考：古代官吏考绩列为上等。

〔17〕张汤（前?—前115）：西汉杜陵（今陕西西
安东南）人。武帝时官至御史大夫。他执法
严酷，曾助武帝推行盐铁官营，出告缗令，抑
制富商大贾。后被人陷害，被迫自杀。后人常
将他作为酷吏的代表人物，但他为官清廉俭
朴，死后家产不足五百金，皆为俸禄及皇帝赏
赐。 面谩：当面欺骗。谩，欺骗。

〔18〕三公：西汉以丞相、太尉和御史大夫合称
"三公"。

〔19〕卢杞（?—约785）：字子良，唐滑州灵昌（今

河南安阳滑县西南）人。官至宰相。为人阴险狡诈，忌贤妒能，先后陷害杨炎、颜真卿等人，排斥宰相张镒等。

〔20〕丁谓（966—1037）：字谓之，一字公言。北宋苏州长洲（今江苏苏州）人。官至宰相。为人阴险，排挤宰相寇准，并取而代之，封晋国公，独揽朝政。　　愝（xiān）狡：奸诈。

〔21〕大蠹（dù）：大蛀虫。此指大的祸害。

〔22〕孟子（约前372—前289）：名轲，字子舆。邹（今山东邹城）人。战国时期思想家，先秦儒家代表之一。以下引语见《孟子·离娄下》。　　几希：一点点。

〔23〕择：区别。

〔24〕纤介：细微。

【译文】

君主对待臣子，如同父亲对待儿子。儿子没有不可以告诉父亲的隐私，臣子也没有不可以禀报君主的情况。比较两者，道理是一样的。因此臣子侍奉君主，任何计谋与权术都不要施展，只有以拳拳之心坦诚相见，君臣之间才会融洽而没有矛盾。没有别的，只因诚实而已。不诚实就会虚伪，虚伪就会使计谋日益拙劣，心力日益操劳，结果只能与服侍君主的道理相去日远。所以，一诚有余，百伪不足。人们究竟为了什么要舍弃可依赖的诚实而表现出无益的虚伪呢？

考察作伪人的心理，情况是不一样的。有的人担任了重要职务，却怀有欺蒙之心，想以自己的伎俩蛊惑圣明的君主，于是常把真实的意图掩藏起来，以求暗中达到自己的目的。有的人长期享有朝廷的厚禄，担心可能丧失，想以迎合的方法永保自己的既得利益，于是颠倒是非，无所顾忌。有的人性格原本温顺，便迎合取悦于君主。有的人惧怕君主的威严，就寡言少语，希望以此讨取君主的欢心，于是窥伺君主的意思而改变自己的观点，不再坚持自己的真知灼见。有的人外通请谒，贪图贿赂。有的人袒护知心朋友，互相包庇，替自己打算的多，为公家考虑的少，即便身陷欺诈蒙蔽的境地，也无暇自忧。有的人急功近利，为了取得官位，便装扮成品行端正的样子，想侥幸达到欺人的目的。有的人嫉妒刻薄，担心别人超过自己，于是当面奉承，背后诬陷，转眼之间就会露出险恶的面目。所有这些，虽然表现的形式不同，但作伪的心理却是一致的。

这些人的做法，没有一种是可取的。小到施展计谋以掩饰其奸诈行为，如西汉的王成用多报户口的办法，骗取上等的考绩；张汤用蒙骗欺诈的手段，被提升为御史大夫。大到隐藏欺诈之心而误国，如唐代的卢杞阴险狠毒，胁迫众人，树立权威；北宋的丁谓为人狡诈，嫉恨贤能，欺骗君主。有这样的臣子，真是国家的大害。一般说来，臣子对君主有所求时，往往就会说：请陛下信任我，不必疑心。君主对于自己的属臣，哪有不想以诚相见的呢？假如臣子都竭诚为君主服务，还有什么嫌疑可言，而不被君主视为亲信呢？只是由于作伪，才使君主产生怀疑，又由怀疑导致不信任，这都是作伪的人咎由自取的结果。所以说，一诚有余，百伪不足。

　　唉！虚伪对人有何益处呢？孟子说过："人和禽兽不同的地方只有那么一点点。"大概就在于人有至诚之心吧。如果舍弃至诚而崇尚虚伪，那与禽兽又有什么区别呢？所以不诚实就虚伪，不虚伪就诚实。微小的差异，会引起极大的谬误。人心之危，人心之微，全靠臣子仔细地加以明辨啊！

七、附势论

【原文】

　　夫人性不同,或为刚克[1],或为柔克[2],而其能确乎立于天地之间而不可拔者,则在有定识与定力。有定识,则其察乎古今者明,而辨乎人己者晰;有定力,则荣辱不能摇其外,而利害不能动其衷。故夫和而不流,中立不倚。"富贵不能淫,贫贱不能移,威武不能屈"者[3],皆有定识、定力者也。此其人岂复有附势之事哉?若夫附势者,往往内无所主,而随时事为去来;外多所依,而因世俗为俯仰。平居既无不易之守，遇事又鲜独断之才。于是畏权门之赫奕[4]，羡仕路之纷华[5]，二者交战于胸而不能以自立。有为名高也者，而亦与之为名高；有为厚利也者，而亦与之为厚利；有为权谋也者，而亦与之为权谋。唯诺其言[6]，脂韦其色[7]，则谐媚之形也；谲诈多方[8]，变迁不测，则闪烁之衷也[9]；先意以迎，瞰时而发[10]，则机巧之术也[11]。是故当势臣之盛也，倚为奥援[12]，趋承恐后，密效其策，显树其威。及夫衰也，则去枯集菀[13]，曾不崇朝[14]。甚且回面訾议[15]，随声而攻击之，以弥缝其故迹。如林特、刘承珪等之附王钦若[16]，而助之奸邪；吕惠卿、陈升之之附王安石[17]，而恣为翻覆。岂非小人之尤者哉？

盖亦反而思之，既一日为臣，虽以主上之严威，或有失焉，犹当直谏不阿，补阙而效之忠，不敢自安于缄默[18]。彼势臣亦臣耳，果何怯于彼，何益于己，而葸葸曲谨[19]、营营趋赴如是哉[20]？苟人臣见势而皆依附之，则虽毕智尽能，国家曾不得其一日之用。如唐之韩泰、韩晔、柳宗元、刘禹锡附王叔文[21]，唱和谋议，互相推奖。中岂无一二智能之士？而一失其身，为万世诟，良可鉴哉！夫惟其无定识、定力，故至于此。

或曰：识与力何以定之？曰：在明大义[22]，在重大伦[23]，在植大本[24]，在行大道而已[25]。使己之所明者，圣贤之训而诚正之学也，则孰得而乱之？所重者，君国之猷而臣子之经也[26]，则孰得而淆之？所植者，直方之性而正大之情也，则孰得而挠之[27]？所行者，忠孝之事而贞良之谊也[28]，则孰得而诱之？诚如是也，亦奚畏且羡于势而附之为？

【注释】

〔1〕刚克：以刚强取胜。古人所谓三德之一。《尚书·洪范》："三德：一曰正直，二曰刚克，三曰柔克。"

〔2〕柔克：以柔顺取胜。

〔3〕"富贵不能淫"三句：出自《孟子·滕文公下》。

〔4〕赫奕：显赫貌。

〔5〕仕路：指官场。　　纷华：繁华。

〔6〕唯诺：即唯唯诺诺。

〔7〕脂韦：油脂与软皮。这里比喻圆滑。脂，油脂。韦，软皮。

〔8〕谲（jué）诈：诡诈。

〔9〕闪烁：比喻说话遮遮掩掩。

〔10〕瞰（kàn）时：等待时机。

〔11〕机巧：机智灵巧。

〔12〕奥援：有力的靠山。

〔13〕集菀（yù）：比喻趋炎附势。菀，茂盛的样子。《诗经·大雅·桑柔》："菀彼桑柔。"

〔14〕崇朝（zhāo）：一个早晨。这里形容时间短暂。崇，通"终"。

〔15〕訾（zǐ）议：非议。

〔16〕林特（约951—1023）：字士奇，北宋剑州顺昌（今属福建）人。官至尚书右丞。与丁谓、王钦若、陈彭年、刘承珪合称为"五鬼"。 刘承珪（950—1013）：字大方，北宋楚州山阳（今江苏淮安）人。宦官。掌内藏近三十年。 王钦若（962—1025）：字定国，北宋临江军新喻（今江西新余）人。官至宰相，为人奸邪阴险。主编《册府元龟》。

〔17〕吕惠卿（1032—1111）：字吉甫，北宋泉州晋江（今福建泉州）人。嘉祐进士。受到王安石等人的赏识和推荐。参与制定青苗、均

输等法。官至参知政事。后与王安石发生矛
盾。　　陈升之（1011—1079）：字旸叔，北
宋建州建阳（今福建建阳）人。景祐进士。支
持过王安石变法。官至宰相。后与王安石产生
摩擦。为人狡诈，善于附会。

〔18〕缄默：闭口不言，保持沉默。

〔19〕葸葸（xǐ xǐ）：畏惧貌。　　曲谨：谨小慎微。

〔20〕营营：往来周旋的样子。

〔21〕韩泰：字安平，唐雍州三原（今属陕西）人。
有计谋，善议事。王叔文提升他为神策行
营节度行军司马。参与王叔文等的改革，失
败后被贬为虔州司马。　　韩晔：唐京兆
长安（今陕西西安）人。参与王叔文等的
改革，失败后被贬为饶州司马。　　柳宗元
（773—819）：字子厚，唐河东（今山西永
济）人。贞元进士。参与王叔文等的改革，失
败后被贬为永州司马。　　刘禹锡（772—

842）：字梦得，唐洛阳（今属河南）人，自言系出中山（今河北定州）。贞元进士。参与王叔文等的改革，失败后被贬为朗州司马。 王叔文（753—806）：唐越州山阴（今浙江绍兴）人。顺宗时，为翰林学士兼度支使、盐铁转运副使，与王伾、柳宗元、刘禹锡等人联合，推行政治改革。失败后被贬为渝州司户参军。

〔22〕大义：大道理。

〔23〕大伦：指人与人相处的根本准则。

〔24〕大本：根本，事物的基础。

〔25〕大道：正道。此指最高的治世原则，包括伦理纲常等。

〔26〕猷：法则。 经：准则。

〔27〕挠：屈从。

〔28〕忠孝：忠指忠君，孝指善事父母。 贞良：贞指贞操，良指身家清白。忠孝贞良皆为当时社会的伦理道德。

【译文】

    人们的性格不同,有的以刚强为本,有的以柔顺见长,而真正能够立于天地之间不可动摇的,是有明确的主见与定力。一个人有明确的主见,就能通晓古今的变化,明辨人际方面的关系;一个人有定力,就不会被荣辱所摇撼,也不会被利害所打动。因此才能做到和谐而不苟同,中立而不偏倚。所谓"富贵不能乱其心,贫贱不能变其志,威武不能屈其节",指的就是有主见、有定力的人。这样的人又怎能去依附权势呢?那些依附权势的人,往往内心没有主见,喜欢随波逐流;对外依赖他人,遇事苟同世俗。平日里没有不变的原则,办事时缺乏果断的能力。结果既畏惧权贵人家的显赫,又羡慕官场上的繁华,两者交替在心中作怪,因而不能独立地做人。这类人中,有的想获取显赫名声,便去依附有名望的人;有的想追求荣华富贵,便去依附有钱财的人;有的羡慕权势,便去依附有权谋的人。随声应和,处世圆滑,是他们谄媚别人的方式;狡诈多端，变化莫测，是他们难以捉摸的内心；急于迎合，伺机而动，是他们机灵巧妙的手段。所以当权贵们得势的时候，他们争先恐后地依以为援，替权贵们出谋划策，树立权威。等到权贵们一旦失势，他们顷刻间便哄然而散，改换门庭。甚至反过来诽谤中伤，附和着别人对原来的主人进行攻击，来弥补自己过去的行为。例如北宋的林特、刘承珪等人投靠王钦若，为虎作伥；吕惠卿、陈升之依附王安石，又反复无常。这不正是小人中的典型吗？

　　为何不反思一下，既然成为臣子，就要尽臣子的责任。虽然君主威严，如有过失，也应当直言规劝，以补缺拾遗，效忠君主，而不能保持沉默。权臣也是臣子，对他们有什么畏惧，对自己有什么好处，而如此谨小慎微、往来周旋呢？如果臣子都趋利附势，那么即便他们竭尽全力，国家也得不到他们的半点好处。如唐代的韩泰、韩晔、柳宗元、刘禹锡等人，依附于王叔文，与他们一唱一和，策划谋议，互相推崇，彼此褒奖。难道他们中间就没有一两位是有聪明才智的人吗？而一旦被贬官降职，就为子孙后代所责骂。这是很值得借鉴的呀！正是由于没有明确的主见与定力，才落得如此地步。

有人问：怎样才能具备明确的主见和定力呢？回答是：明确大义，注重伦理，培养根本，遵循正道。假使自己所明确的，是圣贤的教诲及诚实、正直的学问，又怎么能有迷茫混乱的表现呢？自己所注重的，是国家的王道和做臣子的准则，又怎么会有混淆不清的事呢？自己所培养的，是正直的性格和光明磊落的情操，又怎么会被人屈服呢？自己所做的是忠孝之事，并奉行贞良的准则，又怎么会受别人的引诱呢？如果确实这样，那么还会因为惧怕以及羡慕而去依附权势吗？

八、旷官论

【原文】

　　人君执八柄以驭其臣[1]，人臣持一心以事其主，此千古不易之常经也[2]。是故得百庸臣，不如得一能臣；得百能臣，不如得一尽心之臣。盖才有长短，所命于天，不可强而同也。至于循分效忠之心，无人不可以自靖[3]。审若是，斯庶官无旷，庶绩咸熙矣。夫君之有庶官也，犹天然。天有四时，以成岁功[4]；人君有庶官，以举百职。时失序则有愆伏之患[5]，官失职岂能免废堕之忧哉？

乃自古来旷厥官者，往往而有。怠弛之人玩愒岁月[6]，徒取胧仕厚禄[7]，以为光宠。遂耽于逸豫[8]，不复策励[9]，以树立勋名，此便己而旷官者也。庸鄙之人碌碌取充位，以为莫非王臣，我何独劳为？于是隳国事于因循[10]，而泄泄然曾无所表见于世[11]，此诿众而旷官者也[12]。邪曲之人遐弃正业，若不相涉然，乃持智计以徇私，则弗遗余力，逮王事埤我[13]，惟苟焉塞责不恤其他[14]，此背公而旷官者也。恣傲之人虽材足有为，而高自矜诩，惬其意[15]，则殚力任之而不辞，少拂抑焉[16]，即倦懈心生，而故为不克胜任之状，此肆志而旷官者也。若人者以之治事，则多败事；以之图功，则鲜成功。犹俨然号为人臣[17]，不大可耻耶？

甚则有放荡之人，矫语清高，以礼法为

78

拘牵[18]，视簿书为鄙俗。乃遗落一切而宅其心于世事之表，以纵情自娱。如晋之王澄、阮咸、王尼、胡毋辅之等[19]，浮诞相矜[20]，废弛职业。至于颓风败俗，名教荡然[21]，不更可叹息痛恨也哉！

昔鲁公父文伯之母犹知勉其子[22]，以考职序业[23]。而称书说礼之徒反昧此义，是何其智出妇人下也。盖秩无论崇卑，事无论大小，职无论重轻，惟克既厥心，始为有利于国之臣子。不然糜禄素餐[24]，尸位溺职[25]，犹欲长保身名，不即罪戾，其可得哉？夫君之驭臣，爵之、禄之、予之、置之、生之，凡以教忠奖善，励天下人臣之心耳。至人臣自昧厥心，因以负上之心，然后必不得已而有夺之、废之、诛之之事，夫岂在上之初念哉？於戏！治乱之理在庶官，敬忽之几在一心[26]。为人臣者，奈何不察？

【注释】

〔1〕八柄：古代统治者驾驭臣下的八种手段，即爵、禄、予、置、生、夺、废、诛。详见《周礼·天官·大宰》。

〔2〕常经：永恒的原则。经，原则。

〔3〕自靖：此指各人去实现自己的抱负。

〔4〕岁功：一年农事的收获。

〔5〕愆（qiān）伏：指天气冷暖失调，变化无常。

〔6〕玩愒（kài）岁月：贪图安逸，虚度岁月。愒，荒废。

〔7〕肷（wǔ）仕：高官厚禄。肷，厚。《诗经·小雅·节南山》："琐琐姻亚，则无肷仕。"《毛传》："肷，厚也。"

〔8〕耽：沉溺。　　逸豫：安乐。

〔9〕策励：督促勉励。

〔10〕隳（huī）：毁坏。　　因循：懒惰。

〔11〕泄泄：闲散自得的样子。

〔12〕诿：推托。

〔13〕埤（pí）：加于。

〔14〕塞责：对自己应尽的责任敷衍了事。

〔15〕惬（qiè）：满足。

〔16〕少：稍微。　　拂抑：违背压制。

〔17〕俨然：郑重其事的样子。

〔18〕拘牵：受束缚和牵制。

〔19〕王澄（269—312）：字平子，西晋琅邪临沂（今山东临沂北）人。任荆州刺史时日夜饮酒，不理政事，导致荆州大乱，流民起义。　　阮咸：字仲容，西晋陈留尉氏（今河南开封尉氏县）人。任始平太守，生活放浪不羁。　　王尼：字孝孙，西晋城阳（治所在今山东莒县城阳镇）人（一说为河内人，治所在今河南沁阳）。为人放纵，不拘礼法。　　胡毋辅之：字彦国，西晋泰山奉高（今山东泰安东）人。曾任建武将军、乐安太守。常与人昼夜酣饮，

不理郡事。

〔20〕浮诞:虚浮放纵。　　相矜:互相夸耀。

〔21〕名教:指封建社会的等级名分和礼教。

〔22〕公父文伯之母:公父文伯,即公父歜(chù),春秋时期鲁国人。其母为敬姜。《国语·鲁语下》很多篇目记载了她对儿子公父文伯的教诲。其中载:一日,文伯退朝见其母。其母叹曰:"鲁其亡乎。""夫民劳则思,思则善心生。逸则淫,淫则忘善,忘善则恶心生。""今我寡也,尔又在下位,朝夕处事,犹恐忘先人之业,况有怠惰,其何以避辟?"

〔23〕序业:建功立业。序,次第,引申为建立。

〔24〕縻禄:没有功劳。縻,通"靡",无。禄,俸禄,这里指功劳。　　素餐:白吃饭。

〔25〕尸位:居其位而不尽其职。　　溺职:失职。

〔26〕几:这里指微小的念头。

八、旷官论

【译文】

　　君主运用八种手段驾驭臣子，臣子一心一意为君主服务，这是千古不变的准则。所以，君主有一百个平庸之臣，不如有一个能臣；有一百个能臣，不如有一个尽心尽力之臣。臣子的才能有大小，这是先天注定的，不可强求一致。但恪尽职守，效忠君主，却是人人都可以做到的。明白了这一点，百官便不会旷废职守，就会建立各种功业。君主拥有百官，如同自然界一样。自然界有四季，便于一年农事的收获；君主拥有百官，是为了让他们履行各种职务。自然界的四季更替失去次序，就会有冷暖失调的隐患，那么百官失职又怎能没有荒废功业的担忧呢？

　　自古以来不称职的官吏，历代都有。性情懒惰之人，贪图安逸，虚度年华，徒取高官厚禄，并以此为荣。于是他们醉心于舒适安逸的生活，不再发愤进取，建立功名，这是只图自己方便而荒废职守的官吏。庸俗鄙贱之人，身居官位而碌碌无为，以为都是君主的属臣，我为何要单独效力？结果因循守旧而毁坏了国事，整日悠闲自得，无所事事，这是诿事于众人而荒废职守的官吏。奸诈邪恶之人，放弃正当的职业，好像与己无关，但他们在凭计策谋取私利时，则不遗余力，等到公事临头，就敷衍一番，不顾其他，这是贻误公事而荒废职守的官吏。傲慢无礼之人，才气有余，但骄傲自负，如果满足了他们的意愿，他们会尽力工作而不加推辞，如果稍不如意，他们就会表现出厌倦懈怠的样子，推托说自己不能胜任其事，这是放任自己而荒废职守的官吏。这几种人，如果用他们办事，就会坏事；让他们建功，则很少成功。这些人还口口声声说自己是君主的臣子，这不是太可耻了吗？

甚至还有一些放荡不羁之人，自命清高，认为礼法是一种约束，视文书是一种鄙俗。于是不顾一切地沉溺于人世间的享乐中，纵情自娱。例如西晋的王澄、阮咸、王尼和胡毋辅之等人，轻浮放荡，自相夸耀，丢弃了本职工作。结果伤风败俗，使名分和礼教荡然无存。这岂不更令人叹息、痛恨吗！

　　当年鲁国公父文伯的母亲，还知道勉励她的儿子考取功名，建立功业。可一些所谓知书达礼之人，反而不明白这个道理，他们的智力实在是比妇人还要低下。俸禄无论高低，事情无论大小，职位无论轻重，只要能克服旷废职守的心态，就能够成为国家的有用之臣。否则没有功勋，不劳而食，居其位而不谋其事，还想永久地保全性命、名誉而不祸及自身，这又怎么可能呢？君主驾驭群臣，给他们爵位、俸禄、赏赐，并且安置他们，保全他们，是教育臣子尽忠，奖赏臣子为善，以激励天下臣子之心。至于有些臣子自昧良心，辜负了君主的好意，君主不得不削夺他们的爵位，废除他们的官职，诛杀他们的性命，又怎么能是君主的初衷呢？唉！天下治乱的行为在于百官，而谨慎与疏忽的想法在于一闪念。作为臣子，为何不认真地审察一下自己的思想呢？

附　录

文渊阁四库全书《人臣傲心录提要》

　　臣等谨案：《人臣傲心录》一卷，顺治十二年大学士王永吉恭纂。仰邀钦定，凡八篇：一曰植党，二曰好名，三曰营私，四曰徇利，五曰骄志，六曰作伪，七曰附势，八曰旷官。前有御制序。盖因勋臣谭泰、石汉，大学士陈名夏等先后以骄怙伏法，因推论古来奸臣恶迹，训戒群臣，俾共知炯鉴也。

　　夫一气流行，化生万品，鸾枭并育，穀稗同滋，实理数之不得不然。故有君子必有小人，虽唐虞盛时，四凶亦厕名于朝列，无论秦汉以下也。不幸而遇昏乱之世，则匪人得志，其祸遂中于国家，前明诸权幸是也。幸而遇纲纪修明之时，则翔阳所照，物无匿形。虽百计弥缝，终归败露，则陈名夏诸人是也。在我世祖章皇帝圣裁果断，睿鉴英明，足以驾驭群材，照临万象。雷霆一震，鬼蜮潜踪。虽有金壬，谅不敢复蹈覆辙。而圣人虑周先事，杜渐防微，恐小人惟利是营，多昏其智。于陈名夏等不以为积愆已稔，自取诛夷，反以为操术未工，别图掩盖，因特颁宸翰，普示班联，曲推其未发之谋，明绘其欲施之策。俾共知所聚党而私议者，已毕在洞照之中。如九金铸鼎，先图魑魅之形。傥逢不若，皆可以指而目之，名而呼之。山鬼之伎俩，自穷而无所逞也。

国家重熙累洽，百有余年。列圣相承，

并乾纲独断，从无如前代奸臣得以盗窃魁柄者。岂非祖宗贻谋，有以垂万年之家法哉？

乾隆四十六年八月恭校上

总纂官臣纪昀、臣陆锡熊、臣孙士毅

总校官臣陆费墀

王永吉传

　　王永吉，字修之，江南高邮人。明天启间进士，官至蓟辽总督。顺治二年，以顺天巡抚宋权荐，授大理寺卿。四年，擢工部侍郎。永吉疏辞，上责其博虚名，特允之，并谕永不录用。居数年，有诏起用废员，复诣京师，吏部疏荐，八年，授户部侍郎。条奏各卫所屯地分上、中、下三等，请拨上田给运丁；各项折色银请仍令官收官解，本色物料动支折价采买；洲田丈量累民，请以芦课并入州县考成，五年一次丈量：皆见采择。

　　永吉家居，究心黄河下游阏壅为害，尝

议修泾河闸，浚射阳湖。九年，疏言："黄水
自邳、宿下至清河口，淮、泗之水聚于洪泽
湖，亦出清河口。二水交会，淮、泗弱势，不
能敌黄。折而南趋四百余里，出瓜洲、仪真
方能达江。一线运河，收束甚紧，即有大小
闸洞宣泄，海口不开，下流壅滞，以致河堤十
年九决。海口在兴化、泰州、盐城境内，辄为
附近居民填塞。乞敕河、漕重臣相度疏浚，
复其故道。淮、泗消则黄河势亦减。"

时河以北诸省患水，而江以南又苦旱，
屡诏蠲赈，而湖广、四川、闽、广诸镇待饷甚
急。永吉疏请下廷臣筹足饷救荒之策，上命
永吉详具以闻。永吉因言："各省兵有罪革
占冒，马亦有老病弱毙，十汰其二。以百万
之饷计之，岁可省二十万。即以裁省之项，酌
定直省灾伤分数，则兵清而赋亦减。"上嘉

纳之。

畿辅奸民，每藉投充旗下，横行觖法。永吉疏陈其害，谓："上干国法，下失人心，请敕禁王大臣滥收人投旗，以息诸弊。"十年，擢兵部尚书。十一年，与刑部尚书觉罗巴哈纳等分赈直隶八府。转都察院左都御史，擢秘书院大学士。

永吉在兵部，鞫德州诸生吕煌匿逃人行贿，谳未当，下王大臣诘问，永吉厉声争辨。事闻上，谕曰："永吉破格超擢，当竭力为国，乃因诘问，辄至忿怒，岂欲效陈名夏故态耶？"左授仓场侍郎。十二年，仍授国史院大学士。寻加太子太保，领吏部尚书。

十四年夏，旱，疏请"下直省督、抚、按诸臣清厘庶狱，如有殊常枉屈，奏请上裁；赎徒以下，保释宁家"。下所司议行。旋以地震具疏引咎，上复责其博虚名。十五年，以兄子树德科场关节事发，左授太常寺少卿，迁左副都御史。十六年，卒。上以永吉勤劳素著，命予优恤，赠少保兼太子太保、吏部尚书，谥文通。

（《清史稿》卷二三八）